# RÉPONSE

## AU DISCOURS ACADÉMIQUE

### DU

# R. P. LACORDAIRE

SUIVIE D'UNE

## LETTRE DE L'ILLUSTRE DOMINICAIN

### ADRESSÉE A L'AUTEUR

---

## PAR G. MABRU

### LAURÉAT DE L'INSTITUT

> « Le discours chrétien est devenu
> « un spectacle. » (LA BRUYÈRE.)

---

## PRIX : UN FRANC

# PARIS

## E. DENTU, LIBRAIRE-ÉDITEUR

PALAIS-ROYAL, GALERIE D'ORLÉANS, 13

## 1861

# PRÉFACE

« La liberté de la presse permettant à chacun de faire connaître ses opinions, on écrit aujourd'hui ce qu'on se serait contenté de penser autrefois, et la persuasion d'un meilleur avenir stimule toutes les capacités... (1). »

Tant que ce meilleur avenir, tant que cette terre promise de l'humanité n'aura pas donné tous les fruits qu'elle promet, la voix de l'homme s'élèvera sans cesse des deux extrémités du monde pour redire, avec le poète de Carthage, ce vers d'un éternel à-propos :

*« Homo sum, nihil humani a me alienum puto. »*

(1) Napoléon III.

# R. P. LACORDAIRE

Tout le discours que vient de prononcer le R. P. Lacordaire à l'Académie française peut se résumer dans sa
dernière phrase : son prédécesseur à l'Académie, M. de
Tocqueville, était le symbole de la liberté bien comprise;
il y sera, lui, prêtre catholique, le symbole de la liberté
acceptée et fortifiée par la religion.

Nous avons eu autrefois la charte octroyée, nous aurons donc aujourd'hui la liberté *acceptée*...., par la religion. Ce mot est digne de remarque et bon à noter;
mais quel sens devons-nous lui attribuer ? Il signifie
probablement la liberté bien comprise; non pas, je sup-
pose, comme on la comprend à Rome, mais comme on
la comprend en France sous le régime des institutions
de 89. Or, la Révolution et l'Eglise représen ent deux
systèmes diamétralement opposés, comment donc l'il-

lustre chef des Dominicains entend-il symboliser l'un sans saper, sans détruire l'autre: voilà la question?

Oui sans doute, le fondateur du christianisme accepta la liberté, il fit plus, il l'intronisa parmi les hommes, et l'on peut dire hardiment que, sans les désordres et la cupidité séculaire de la cour de Rome, la religion eût été le plus puissant auxiliaire de la liberté et de la civilisation. Mais en vérité, en a-t-il été ainsi ; et que se passe-t-il donc à Rome en ce moment ; est-ce bien la liberté des peuples que le clergé réclame? Assurément non. Personne au monde n'ignore que le plus grand ennemi de la révolution de 89, et par conséquent de la liberté, c'est l'Eglise.

C'est l'Eglise et ses enseignements qui nous tuent, c'est sa doctrine politico-religieuse qui représente parmi nous *le vieux système*, et qui perpétue indéfiniment la lutte ; ses affinités avec la cour de Rome, centre de sa puissance ; son attachement aux trônes déchus ; ses anciennes alliances avec la noblesse qui fournissait elle-même son contingent au haut clergé ; ses désirs, ses regrets, ses vœux, ses ambitions, tout, dans les souvenirs de son passé, comme dans ses aspirations vers l'avenir, tout contribue à justifier cette mémorable parole de l'empereur Napoléon III : « Les ministres de la religion en « France sont en général opposés aux intérêts démo- « cratiques (1). »

Voilà pourquoi nous ne comprenons pas comment, dans de telles conditions, le R. P. Lacordaire pourra

______

(1) OEuvres complètes de Napoléon III, t. 2, p. 31.

symboliser la liberté à l'Académie française. Sera-ce le prêtre ou sera-ce l'Académicien qui sera chargé de ce rôle ? Le prêtre pourra-t-il abdiquer le sacré caractère dont, à ses yeux, il est revêtu ? pourra-t-il oublier le passé et les vœux de l'Eglise, se dépouiller de la robe qu'il porte et de la couronne monacale qui ceint son front ? Non, le prêtre sera toujours prêtre, car mieux que personne il sait qu'on ne peut servir deux maîtres à la fois, l'Eglise et la Révolution.

Ah ! si l'Eglise moderne, fidèle au principe démocratique qui fit l'orgueil du christianisme à son origine, était encore animée de ce souffle divin, la position du R. P. Lacordaire n'aurait rien d'anormal aujourd'hui, et les lettres, la liberté et la religion, réunies dans son auguste personne, viendraient prêter leur triple concours à sa mâle éloquence pour servir dignement la cause populaire. Mais il n'en est pas ainsi, et, dans l'état actuel des choses, malgré les aspirations généreuses du nouvel Académicien, que pouvons-nous, que devons-nous attendre de son dévouement à la liberté ? Rien, sinon la défense des doctrines politiques qu'on approuve à Rome et qui mettent en ce moment la chrétienté à feu et à sang. Hâtons-nous d'ajouter que l'Académie n'est pas, heureusement, un corps politique.

Le clergé français se glorifie, et à juste titre, de compter parmi ses membres des hommes du plus haut mérite, des esprits éminemment éclairés ; mais quels fruits la révolution c'est-à-dire la cause démocratique, a-t-elle jamais recueillis de toutes ces lumières ? Le parti prêtre, dont les maximes jésuitiques sont hélas ! trop connues, n'a-t-il pas envahi tous les degrés de la hiérarchie cléricale et les plus belles intelligences ne sont-elles pas plus ou moins imbues des doctrines ultramontaines ? En fait de liberté, nous en sommes à ce point que presque sur toute la ligne, de Paris à Rome, la politique cléricale peut se traduire par un seul mot : RÉSISTANCE !

Le prêtre ne connaît qu'une chose, c'est le mot d'ordre qui lui vient de Rome, il est inflexible sur ce point. Alors le monde n'existe plus pour lui, il n'a ni parents, ni amis, ni famille, ni patrie ; l'intérêt de l'Eglise passe **avant** le salut de l'Etat ; il verrait tout périr sans remords ni regret plutôt que de faire la moindre concession aux nécessités de son temps ; il semble que la voix maudite du génie des discordes crie sans cesse à ses oreilles :

« Pour soutenir tes droits que le ciel autorise,

« *Abîme tout plutôt, c'est l'esprit de l'Église.* »

**La cause** de ce mal, où est-elle ?

— **La voici** : c'est que le prêtre ne reçoit pas chez nous une éducation nationale.

**Pourquoi** ne ferions-nous pas en France ce qui se fait en Allemagne ?

« **L'Allemagne** méridionale est sans contredit le pays « où le clergé catholique est le plus instruit, le plus to- « lérant, le plus libéral ; et pourquoi en est-il ainsi ?

« C'est parce que les jeunes gens qui se destinent, en
« Allemagne, au sacerdoce, apprennent la théologie aux
« universités, en commun avec tous les candidats aux
« autres professions.

« Au lieu d'être, dès l'enfance, séquestrés du monde,
« et de PUISER DANS LES SÉMINAIRES UN ESPRIT HOSTILE A
« LA SOCIÉTÉ au milieu de laquelle ils doivent vivre, ils
« apprennent de bonne heure à être citoyens avant d'être
« prêtres. Aussi le clergé catholique allemand se distin-
« gue-t-il par ses hautes lumières et son ardent patrio-
« tisme. Il n'est pas de sacrifices qu'il ne soit prêt à faire
« pour le triomphe de la liberté, pour l'indépendance
« de la patrie allemande.

« *A ses yeux être prêtre,*
« C'EST ENSEIGNER LA MORALE, LA CHARITÉ ;
« C'EST FAIRE CAUSE COMMUNE AVEC TOUS LES OPPRI-
« MÉS ;
« C'EST PRÊCHER LA JUSTICE ET LA TOLÉRANCE ;
« C'EST PRÉDIRE LE RÈGNE DE L'ÉGALITÉ ;
« C'EST APPRENDRE AUX HOMMES QUE LA RÉDEMPTION
« POLITIQUE DOIT SUIVRE LA RÉDEMPTION RELIGIEUSE (1). »

Tous les petits et les grands séminaires devraient faire
inscrire ces paroles en lettres d'or au fond de leur cha-
pelle ; il est certain qu'on y en inscrit beaucoup d'autres
qui ne les valent pas et dont le sens est loin d'être aussi
vrai et aussi instructif. Mais celles-ci signalent un mal,
et tout mal appelle à lui le remède, c'est-à-dire la *réforme,* mot mal sonnant aux oreilles du clergé qui re-

_____

(1) Napoléon III, OEuvres complètes, t. II, p. 33.

présente chez nous le vieux système ; donc ici encore RÉSISTANCE !

Cependant, tant que cette réforme ne sera pas accomplie, tant que les tendances du clergé n'inclineront pas vers ce but, nous n'aurons ni paix ni trève à espérer, la lutte intestine qui nous déchire continuera, et la société, sans cesse bouleversée par ces déplorables divisions, sera continuellement ébranlée dans ses fondements, jusqu'à ce qu'enfin un nouveau cataclysme, ou un péril commun vienne réveiller *momentanément* le patriotisme au fond des âmes, car, après tout, la justice ne périt pas sur la terre.

Depuis longtemps nous vivons dans un tiraillement et un malaise continuel ; le principe *progressif* qui s'appelle 89, et le principe *rétrograde* qui s'appelle réaction ou *contre-révolution*, tiennent le monde social en échec ; nous sommes régis, il est vrai, par les institutions de 89; mais la Restauration a introduit aussi des lois réactives, qui sont encore en vigueur et qui souvent entravent et contrarient le véritable esprit de la société moderne.

Dans le fait, notre état actuel est un état mixte, qui n'est ni celui de 89 ni celui de la Restauration, ni l'ancienne société ni la nouvelle, ni l'Eglise ni la Révolution; état bâtard et hétérogène, qui perpétue l'antagonisme entre les deux principes représentés par l'ancien et par le nouveau régime. Non-seulement un tel état de choses paralyse nos forces, nuit à la prospérité du pays, au développement des petites et des grandes industries, lèse nos intérêts les plus chers, trouble notre repos; mais de plus il a, pour conséquence immédiate, l'affaiblissement

du caractère national et la destruction des vieilles croyan-
ces que la foi nouvelle, faute de concorde et de paix, n'a
pu remplacer dans l'esprit des masses.

Tout le salut de l'avenir est donc dans l'éducation —
et dans les réformes qu'elle réclame.

Au point de vue politique, supprimez l'Église où, ce qui
revient au même, donnez au clergé une éducation nationale et vous changerez immédiatement la face des choses. Croyez-vous, par exemple, que si les hommes qui
composent en ce moment le parti clérical n'avaient pas
sucé le lait des vieilles erreurs et des vieilles traditions
politiques, croyez-vous, dis-je, que toutes les difficultés
créées aujourd'hui en Europe par la question romaine
encombreraient encore l'avenir? Non certainement, vous
ne le croyez pas. Eh bien, commencez donc par déblayer
le sol et vous serez bienvenus ensuite à parler de liberté !
Qu'avons-nous besoin d'une église à la romaine ? —
Contentons-nous d'être chrétiens. — N'est-ce pas ici le
cas, d'ailleurs, de nous écrier avec le chantre immortel
de nos gloires nationales :

En France au moins soyons français....

M. Guizot, qui pour être protestant (et de plus doctri-
naire), n'en est pas moins bon patriote, M. Guizot semble
s'étonner, en citant M. de Tocqueville, des difficultés
qu'on éprouve en France quand il s'agit d'implanter la
liberté. — Comment l'honorable M. Guizot ne voit-il pas
qu'avec des éléments de discorde comme ceux qui nous
divisent, la liberté n'est pas durable. C'est la réaction

qui a engendré la démagogie et la démagogie engendre à son tour le despotisme ; les luttes politiques finissent toujours par jeter les hommes de parti dans les extrêmes : terreur blanche ou terreur rouge sont également funestes à la liberté. Ainsi tant que ces éléments de discorde subsisteront parmi nous, nous serons continuellement condamnés à nous agiter dans le vide et à entendre des paroles comme celles-ci, par exemple, que vient de prononcer le R. P. Lacordaire à l'Institut : « L'esprit de la « France, même après vingt-cinq ans de révolutions, « n'était pas mûr pour les secrets et les vertus de la « liberté. »

Eh, mon Dieu ! qui donc plus que l'ex-défenseur des doctrines libérales de Lamennais sait combien la liberté est incompatible avec le vieux système que représente le parti clérical en France et l'esprit jésuitique de la cour de Rome ! Mieux que nous, le R. P. Lacordaire sait bien que M. de Tocqueville « entendait démontrer à ses « contemporains qu'ils vivaient encore, sans le savoir, « sous ce même régime qu'ils croyaient avoir détruit, et « que là était la principale source de leurs éternelles « déceptions. »

Ce n'est donc pas la France qu'il faut accuser, mais ceux qui entravent son esprit et font tous leurs efforts pour annuler l'œuvre régénératrice de 89. Il semble vraiment que l'ancien rédacteur de *l'Avenir* ait oublié ses propres mécomptes avec l'autorité ecclésiastique, alors qu'il avait pris pour devise : « *Dieu et la liberté.* » Nous nous plaisons à lui rendre cette justice, que l'alliance de la religion et de la liberté fut toujours le rêve de sa vie.

Mais ce ne fut qu'un rêve, une illusion ! Personne n'ignore comment ses idées furent reçues à Rome et par la majorité du clergé français : on admirait son talent et l'on blâmait la nouveauté de ses doctrines ; bientôt la fameuse *lettre encyclique* de Grégoire XVI vient mettre un terme aux agitations que *l'alliance de Dieu et de la liberté* avait fait naître dans le sein de l'Église. L'encyclique de Grégoire XVI, datée du 10 septembre 1832, déclarait : « Toute idée de régénération de l'Église, absurde ; — la liberté de conscience, un délire ; — la liberté de la presse, funeste. »

Les trois rédacteurs de *l'Avenir*, MM. de Montalembert, Lamennais et Lacordaire, se rendirent solennellement à Rome pour prévenir une condamnation. On sait que le R. P. Lacordaire se rétracta en déclarant que : *La raison humaine était une fille du néant, venue du démon, et inconciliable avec la foi qui vient de Dieu.* Lamennais ne put supporter le coup, il sortit tout frémissant de la ville papale, et sa conscience révoltée répondit à l'encyclique de Grégoire XVI par les *Paroles d'un Croyant* et les *Affaires de Rome*. Tels sont les fruits que *l'alliance de Dieu et de la liberté* a produits dans l'Église.

Il faut le reconnaître, le cœur bouillant du R. P. Lacordaire, ses aspirations généreuses et sympathiques feront toujours de lui un ami de la liberté, mais un ami mal à l'aise et déplacé dans le giron de l'Église. Comme prêtre, il se soumettra toujours aux doctrines et aux décisions du Saint-Siége, mais comme homme et comme philosophe, son cœur s'élèvera sans cesse vers le ciel de la liberté. Ce n'est pas en vain qu'on a aimé Voltaire, et ce n'est pas sans raison que le parti clérical a dit de lui : *qu'il aimait toujours à marcher sur le bord du précipice d'où il était sorti.* Arrachez donc, Messieurs, arrachez de son cœur l'amour de la liberté, et le précipice disparaîtra à l'instant !

Cette noble passion qui a fait la gloire, et peut-être le génie du R. P. Lacordaire, l'a toujours rendu suspect à l'Église ; à Notre-Dame, on se défiait de son libéralisme, et « l'autorité supérieure, — dit un de ses biographes — alarmée de ses succès mêmes, se faisait remettre inutilement d'avance le plan et le cadre de ces insaisissables improvisations. » Son crime irrémissible est et sera toujours d'avoir trop aimé notre régénération sociale. Pourquoi faut-il qu'un esprit aussi éminent, un cœur aussi dévoué ait manqué à sa véritable vocation, et se soit égaré dans des voies qui ne sont pas les siennes ?

Il est certain que le R. P. Lacordaire est un de ceux à qui la démocratie française peut dire :

    « N'entends-tu pas la France qui te crie :
    « Mon beau ciel pleure une étoile de moins. »

Nous ne féliciterons jamais l'illustre M. Berryer d'avoir arraché le jeune M. Lacordaire à la carrière du barreau pour l'envoyer, sous prétexte qu'il avait trop d'imagination, au fond d'un cloître. On conviendra, en tout cas, que le remède n'était guère approprié au mal. M. Lacordaire, avec son talent, ses convictions, son dévoûment et son courage, eût fait très-certainement un de nos avocats les plus distingués. Émule de **M. Berryer**, il eût été comme lui une des gloires du barreau, et la liberté, loin de demeurer enchaînée au fond de son cœur, n'eût jamais eu un plus fervent apôtre, un plus éloquent défenseur.

Plus d'une fois dans le silence du cloître ou sous les murs de Rome, alors que les foudres du Vatican grondaient déjà sur sa tête, le R. P. Lacordaire a dû jeter un douloureux regard vers son passé déjà si brillant à son aurore ; il a dû gémir au fond de son cœur de la cruelle et déplorable alternative dans laquelle le plaçaient les doctrines du Saint-Siége et se prendre à pleurer sur son ancienne indépendance, tant il est vrai, hélas ! que pour symboliser la liberté, même à l'Académie, c'est encore dans les rangs de la démocratie qu'il faut rester et non dans ceux de l'Église.

Pour compléter l'ensemble des opinions que nous venons d'exposer, nous allons placer sous les yeux du lecteur les deux pièces suivantes : 1° une lettre que nous avons adressée au **R. P. La**cordaire en lui faisant hommage de notre dernière brochure : *A Pie IX et à l'Italie ;* 2° la réponse à cette lettre, accompagnée des réflexions que ce document nous a inspirées.

## AU R. P. LACORDAIRE A SORÈZE.

Monsieur,

Après avoir suivi régulièrement pendant plusieurs années vos conférences à Notre-Dame, j'ai vu un de mes amis quitter le monde où il occupait une position honorable, pour entrer dans votre ordre ; il y est encore aujourd'hui. Je sais comment cette transformation s'est opérée dans son esprit, et pourquoi la même cause qui a agi si puissamment sur ses idées, m'a jeté, moi, dans des idées diamétralement opposées.

Ce n'est certes pas ma faute si je n'appartiens pas en ce moment à l'Église (car la morale de l'Évangile m'a toujours paru conforme à celle de la nature), mais je n'ai jamais pu comprendre l'antagonisme qui existe entre l'Église et la liberté, entre l'Église, la raison et le progrès social. J'eusse volontiers suivi vos pas, j'eusse été *chrétien* avec Chateaubriand, Lamennais et Fénelon, mais je ne saurais l'être avec **M. Veuillot** et la plupart des ultramontains qui composent en France la presque totalité du monde catholique.

Je viens de lire la brochure que vous avez publiée sur *la liberté de l'Église et de l'Italie*, et, plus que jamais, les événements qui s'accomplissent en ce moment me démontrent l'impossibilité de cette union. Votre écrit honore vos aspirations et votre foi, mais soyez bien persuadé qu'il ne portera pas les fruits que vous pourriez en attendre. La cour de Rome est frappée d'une immobilité mortelle, et sa politique marche en sens inverse de vos idées. Je ne puis mieux comparer votre position dans l'Église, qu'à celle de Chateaubriand dans la monarchie : lui seul pouvait la sauver, la rajeunir et lui assurer encore de longues années d'existence en greffant le vert rameau des idées nouvelles sur ce tronc antique et vermoulu que les peuples étaient habitués à respecter ; mais la monarchie n'y a rien compris. Les sages conseils de son plus fidèle et de son plus loyal serviteur ont été constamment méconnus, et tous ses efforts sont demeurés inutiles ; sa voix importune a été étouffée par celle des courtisans qui plus tard ont été les premiers à trahir leur maître. On peut dire que Chateaubriand s'est véritablement trouvé isolé et étranger au milieu des siens ; vous, monsieur, n'êtes-vous pas aussi une exception dans l'Eglise ? L'Église, par son absolutisme et sa haine pour toutes nos libertés, semble avoir enchaîné son sort à celui des vieilles monarchies.

Malgré toute la distance qui nous sépare, nous avons encore plus d'un point de contact qui nous rapproche, car, comme vous, j'aime l'indépendance et la liberté, comme vous je crois à la parole de l'Évangile, et je n'appartiens à aucun parti.

Veuillez, monsieur, excuser la liberté que j'ai prise de vous exprimer ici mes sentiments en toute sincérité et daignez agréer, je vous prie, le respectueux hommage de la brochure *A Pie IX*, que j'ai l'honneur de vous adresser aujourd'hui.

**G. MABRU.**

Paris, le 16 mai 1860.

---

École de Sorèze

RELIGIONI,
SCIENTIIS,
ARTIBUS, ARMIS

Voici la réponse.

Sorèze, 21 mai 1860.

**MONSIEUR,**

J'ai reçu la brochure et la lettre que vous avez bien voulu m'adresser. Je n'ai pas encore lu la brochure. Quant à la lettre, il ne me semble pas que vos pensées soient justes. Vous accusez l'Église d'être opposée radicalement à tout l'esprit de la société moderne, égalité civile, liberté civile, politique et religieuse. C'est une erreur, il y a dans la société moderne un alliage de vrai et de faux, de bien et de mal, qui tient en suspens l'esprit de l'Église. Si, en 1789, la Révolution française avait accepté le concours du clergé français, qui fut si prompt et si généreux ; si, en 1793, cette même révolution n'avait pas proscrit le clergé et la religion ; si, en 1844, le libéralisme avait fait sa part à l'Église au lieu de la traiter en ennemie; si, aujourd'hui même, le libéralisme italien ménageait Rome et la papauté, il y a juste 70 ans que l'Église catholique serait l'alliée fidèle de la société moderne. Mais il ne faut pas demander aux hommes d'aimer ce qui les hait, les méprise et les persécute. Issue du XVIII° siècle, la société moderne n'a pu se délivrer encore du venin anti-social de l'impiété. C'est là son vice originel. Elle le surmontera, j'en suis parfaitement sûr; mais il lui faudra du temps. Il a fallu près de deux siècles à l'Angleterre, de Henri VIII à Jacques II, pour asseoir ses institutions, et cependant elle les possédait dès le XIII° siècle, et il ne lui fallait que se souvenir pour reprendre ses droits. Vous êtes semblable à un homme qui jugerait de l'Océan par une goutte d'eau, de l'avenir par un jour : c'est une fausse vue. Quand on veut juger le monde, il faut partir des siècles en arrière et en avant; tout autre procédé est un enfantillage. Je vous donne rendez-vous dans votre tombeau au 1ᵉʳ janvier deux mille cinq cent de l'ère chrétienne, et je vous réveillerai si vous dormez.

Veuillez agréer tous mes remercîments de votre double envoi, ainsi que l'expression des sentiments de considération très-distinguée avec lesquels j'ai l'honneur d'être,

Monsieur,

Votre très-humble et très-obéissant serviteur,

FR. HENRI DOMINIQUE LACORDAIRE,
des Fr. Prêcheurs.

Il résulte clairement de cette lettre que, historiquement parlant, l'Eglise, à tort ou à raison, est l'ennemie implacable de nos institutions modernes. Cet aveu dans la bouche d'un homme aussi éminent que le R. P. Lacordaire nous suffit, car il confirme de la manière la plus formelle la thèse que nous nous sommes toujours efforcé de soutenir, à savoir que l'*Eglise est l'ennemie de la société*. Nous ne saurions nous lasser de répéter, à l'appui de cette opinion, la parole si profondément vraie de l'empereur Napoléon III : « Les ministres de la religion, « en France, sont en général opposés aux intérêts dé- « mocratiques. » C'est-à-dire opposés aux intérêts des peuples, opposés à toutes leurs libertés, en un mot opposés à l'esprit constitutionnel qui a immortalisé notre grande révolution de 89.

Quant aux appréciations touchant les faits historiques qui se rapportent aux dates de 1789, 1792, 1814 et 1860 rappelées par le savant dominicain, nous n'essaierons pas de les discuter ; ces mêmes dates, ces mêmes faits sont tout différemment appréciés par quiconque n'appartient pas *quand même* à l'Eglise, et malheureusement le R. P. Lacordaire, dans sa position monastique, ne jouit pas d'une indépendance assez absolue pour pouvoir se prononcer ici avec toute l'impartialité qu'on est toujours en droit d'exiger d'un historien. Nous savons tous comment les hommes qui appartiennent au parti clérical ont écrit l'histoire, il n'entre pas dans notre pensée de vouloir assimiler l'illustre prédicateur des conférences de Notre-

Dame au père Loriquet ; le respect et l'estime que nous professons pour son talent et son caractère le placent trop haut à nos yeux pour nous permettre un tel parallèle ; mais nous soutenons que, par cela même que le R. P. Lacordaire appartient à l'Eglise, il n'est pas libre de parler publiquement contre l'Eglise. Il subit d'ailleurs à son insu l'influence du milieu dans lequel il vit, c'est tout naturel, et il ne peut en être autrement. Nous nous en tiendrons donc aux simples aveux que contient sa lettre.

Depuis 70 ans l'Eglise a cessé d'être constitutionnelle. Elle *nous hait, nous méprise et nous persécute* (non comme individu, il est vrai, mais comme société). Voilà précisément pourquoi nous ne l'aimons pas, pourquoi tout en la blâmant d'avoir abandonné, oublié son origine démocratique, nous voudrions la voir revenir aux préceptes de l'Evangile, à la foi primitive, aux souvenirs si purs et si bienfaisants qui planèrent sur son berceau. Nous pourrions du reste faire observer au R. P. Lacordaire qu'à une époque bien antérieure à la date de 70 ans, l'Eglise avait par ses scandales provoqué les réformes de Luther et de Calvin ; qu'à une époque bien antérieure à la date de 70 ans, saint Dominique, fondateur de l'Inquisition en France, poussé par un fanatisme on ne peut plus contraire à l'esprit de persúasion et de douceur qui est l'esprit de l'Evangile, saint Dominique, disons-nous, s'appuyant sur le précepte *compelle intrare*, alluma de tous côtés les bûchers de la Sainte-Inquisition : non-seulement en France, mais encore en Espagne, en Portugal et même aux Indes des milliers de victimes périrent dans les flammes ou furent livrées aux tortures les plus barbares. Saint Dominique, ou nom de Dieu et de la foi du Christ, *haïssait, méprisait et persécutait* les plus nobles et les plus généreux défenseurs de l'humanité.

Nous avons, dans notre brochure *A Pie IX et à l'Italie*, donné un tableau des crimes des papes pour prouver combien les chefs de l'Église s'étaient eux-mêmes éloignés de la sainte voie; nous n'y reviendrons pas ici, car il faudrait *remonter* jusqu'à l'époque de Constantin et écrire un volume pour compléter l'aperçu que nous en avons tracé. Quoi qu'il en soit, tous ces faits irrécusables prouvent jusqu'à la dernière évidence que, bien avant l'époque de la révolution, l'Église, en s'immisçant aux choses temporelles de ce monde, était tombée dans de si grands excès que les siècles les plus barbares du paganisme ne nous en ont jamais donné un pareil exemple.

Avant de terminer, nous ajouterons que, *loin de juger l'avenir par un jour*, comme nous le reproche notre savant contradicteur, nous jugeons l'Église par son passé, remontant à l'origine du catholicisme, et le suivant dans toutes les phases de son existence, nous nous attachons surtout à l'intelligence et aux enseignements si simples des préceptes évangéliques que nous appliquons à l'Église; nous comparons ce qu'elle est à ce qu'elle devrait être et nous blâmons sans restriction, non-seulement sa déplorable politique, mais encore son faste, sa cupidité et tous ses désordres pontificaux, qui, certes, n'ont rien de commun avec la vie d'abnégation et de pauvreté qu'embrassaient les premiers apôtres en suivant les pas du Christ.

Fort de toutes ces raisons et de toutes nos convictions personnelles, nous attendons donc avec confiance le

1er janvier de l'an deux mille cinq cent de l'ère chrétienne ( jour de notre réveil ), bien persuadé que ceux qui ont pour eux la justice, l'Évangile, la raison et le droit, doivent avoir foi dans l'avenir, et que l'humanité, livrée depuis tant de siècles à une poignée de persécuteurs, ne saurait perdre sa cause au tribunal de la justice éternelle et demeurer confondue devant Dieu.

Imprimé par Charles Noblet, rue Soufflot, 18.